AF610444

Un angolo in fondo al cuore

Daniela Straccamore

COLLANA IRDA

Lulu Press
3101 Hillsborough St.
Raleigh, NC 27607 | U.S.A.

ISBN: 978-1-291-73185-9
Info: www.irdaedizioni.com

In collaborazione con:
www.amazon.com
www.amazon.it
www.lulu.com

Copertina: realizzata da Cristian Verdesca
Direttore editoriale: Francesco Luca Santo

Tutte le immagini sono prese dal web

UN
ANGOLO
IN
FONDO
AL ♥

Per te ho scritto
questi versi,
a te li ho dedicati

Lettere d'amore

Daniela Straccamore

PREFAZIONE ALL'OPERA DELL'AUTRICE

Ho iniziato a scrivere all'età di quattordici anni su diari di adolescente. Da grande avrei voluto fare la giornalista, passione nata tra i banchi di scuola. Nell'incoscienza dei miei quindici anni abbandonai gli studi al primo anno delle superiori. Dopo qualche decennio, questa passione, che oramai credevo morta e seppellita, cominciò a darmi segni di insofferenza, prepotentemente chiedeva di riemergere. Complice una fortissima insonnia, a seguito della morte di mio padre, timidamente ripresi carta e penna e iniziai a scribacchiare. Cosa? Nulla di particolare, pensieri, riflessioni, annotazioni. Pagina dopo pagina continuavo a comporre, mi ero creata un mondo tutto mio a cui a nessuno, in nessun modo era possibile accedere. I miei scritti cominciavo a definirli poesie, ma ora so che con la poesia non avevano nulla a che fare e vedere. Più che poesie sembravano lettere d'amore, che delusione! Che poetessa ero? Da qui nasce l'idea, scrivere vere e proprie lettere. La mia prima lettera d'amore immaginaria è stata: "Lettera d'amore di un'impiegata al suo dirigente", ne seguirono moltissime altre. Con grande umiltà ho cercato di affrontare questo argomento "L'amore"... In alcune sono riuscita meglio, in altre un po' meno. A seguito della mia esperienza di segretaria galante, o d'amore, ho potuto constatare che l'amore, unico sentimento regale di questo mondo, esiste davvero ma è molto difficile incontrarlo, molte volte lo si confonde. Negli anni ho scritto decine, centinaia di lettere, che hanno ricoperto di volta in volta molte situazioni di amori ricorrenti. Il mio impegno era far emergere un'anima da una voce, ci sono riuscita quasi sempre. Non ho mai avuto la pretesa di insegnare qualcosa a qualcuno. Per molte persone sono stata un'amica, un'amica nell'ombra, in quanto del committente ho conosciuto sempre e solo la voce al telefono. E' emersa una realtà sommersa, mi sono state confidate cose che forse non si sarebbero dette neanche al confessore! Sono custode di segreti, passioni, amori, gioie, intrighi, tradimenti, sotterfugi, tormenti, bugie, intimi segreti, falsità, e chi di noi per una volta non ha avuto bisogno di confidarsi? Confidarsi sì, ma con la certezza di non essere mai traditi dal confidente! Ci sono volte che toccheresti il cielo con un dito per la felicità, volte che la malinconia ti distrugge, volte ancora che spaccheresti il mondo che ti circonda. Chi non ha mai pianto? Quotidianamente ci troviamo a lottare ma che fatica! Per me scrivere è stato un hobby, ma l'ho considerato sempre la mia unica vera professione. Nel 2000 collaborai con il quotidiano "La Provincia" dove avevo due rubriche: "Uomini e sentimenti" e "Un angolo in fondo al cuore" dove risponde-

vo alle lettere dei lettori. Da settembre 2010 sono entrata nel mondo del web. Da dicembre 2010 collaboro con il quotidiano "L'INCHIESTA" (Fr) … Su facebook ho pubblicato fino a qualche anno fa, molte cose scritte prevalentemente nel passato. Ho creato una mia pagina "UN ANGOLO IN FONDO AL CUORE" e un mio gruppo "SCRIVIAMO" … ora presente anche sulle pagine del quotidiano appena citato, dove vengono pubblicate le poesie degli amici del gruppo e dei lettori del cartaceo.
Ho scritto e scrivo l'amore in ogni suo aspetto, incremento una mia raccolta che non so se potrà vedere la pubblicazione di qualche casa editrice …
Non mi considero una scrittrice, sono solo una persona molto semplice che l'unica colpa che ha, è quella di aver creduto sempre fermamente in quello che ha fatto ...

Daniela Straccamore

Dedico questa raccolta ai miei genitori:
Giuseppe Straccamore e Annita Oleastro

Ti voglio bene

Ho chiesto
ad un poeta
di scrivere
dei versi
per te.
Il verso non gli viene.
Io ti scrivo solo
che ti voglio tanto,
tanto ...
ma tanto bene.

Giorni

Oggi come ieri,
domani
come oggi,
un nuovo giorno
come ieri, oggi,
domani.
Ho avuto te!
Che altro desiderare?
Nulla più amore.

Senza te
Se il nostro amore finire dovrà
in una sera di pioggia incontrarti vorrei.
Ombre il mio volto copriranno
gocce d'acqua le mie lacrime confonderanno.
Senza te morire potrei, ma piangere no,
piangere mai mi vedrai.
Solo il mio volto sorridente ricordare dovrai.
Con amore

T'amo

Un giorno interrogandomi mi chiesi:
"Perché t'amo?
Perché amo proprio te?"
La mente qualche risposta
mi diede,
dal cuore
ancora attendo risposta.

L'attesa

Vivi nell'attesa
di un incontro,
un vostro incontro.
I giorni
che vi separano
sono millennio,
le ore che state insieme
diventano attimi.
Macerandovi l'anima
vivrete nell'attesa di incontri
maledicendo millenni
e benedicendo attimi d'amore
vero e sincero.
Il vostro grande amore.

Illusione

Parole d'amore
scrivo per te.
Te che sei tutto
per me.
Come può
una donna non morire?
Guardare te
è toccare il cielo,
stare con te
è stare in paradiso.
Stammi vicino,
illusione o meno
l'importante è,
che di amarti sento.

Inutile

Quell'ora
è passata da un pezzo.
Dal tuo torpore
scuotiti,
non attendere
il possibile
dall'impossibile.
Tu lo sai,
hai solo frammenti fra le mani,
frammenti
di quell'impossibile
che vorresti tramutare in reale.
La realtà è questa.

Morte nel cuore

Un fiore lentamente sta morendo.
La corolla è appassita,
i petali pian piano
si sgretoleranno.
È stato un fiore protagonista
ma presto morirà.
I suoi colori di mille sfumature
hanno riempito parte di voi.
Quel fiore sta appassendo morirà,
non fatelo morire.
No, non è di acqua
che ha bisogno … ma di calore!

Brandelli sfilacciati

Un manto di stelle
è stato il tetto di un amore.
Una stella cadendo
ha bucato il manto
lasciando
brandelli sfilacciati
di due cuori
innamorati.
Un colore tenue rimane,
unica luce soffusa
di un amore.
Forzare non si può
a ricucire un passato
che forse per voi
importante non è mai stato.

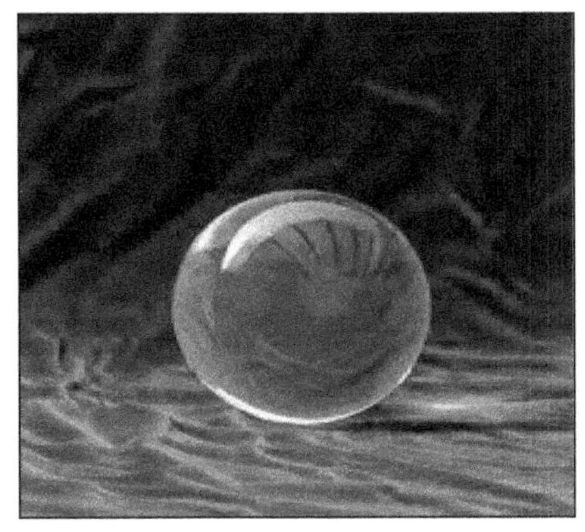

La tua immagine

Una sfera di cristallo
la tua immagine mi riflette,
in tutto il tuo splendore ti ci vedo.
Io di te innamorata sono.
La tua ombra ovunque vedo,
il mio cuore sorride,
per sempre può gioire.
Gioisce di questo amore
così puro,
così bello,
così limpido.
Caro amore, non mancare mai,
fare a meno non potrei. Davvero no.

Destino bizzarro

Destino bizzarro
che su di me
vendette ripercuoti,
a colpirmi ti diverti.
Abbandonami
un istante.
Rancori non avrò
per te
che un giorno
per gioco
le ali mi tarpasti.

E' un altro giorno

Oggi ci si augura che non sei come ieri,
che non sei come sempre.
Sì, ci siamo svegliati con un sorriso sulle labbra
fantasticando su un futuro migliore,
un domani più roseo.
La notte quando via ti porterà non dispiacerti,
domani sarai annunciato da un'alba multicolore
e tornerai di nuovo con noi.
Dimenticarti non potremmo,
sarai un ieri da ricordare,
ti aggiungeremo al conto della nostra vita,
così ogni volta.
Ti aspetteremo fiduciosi sperando in te
e di avere oggi ciò che ieri
non ci hai potuto dare.

L'incoscienza

Un giorno
incoscientemente
ti vestisti in tutta fretta.
Ora da cosciente ti esamini.
Così abbigliato stai male,
vorresti svestirti, sì,
svestirti di questo
abito stretto ma non puoi.
Vorresti bruciarlo,
ma non è possibile,
vorresti strapparlo
ma non è concesso.
Forse un giorno
con abito migliore ti vestirai,
forse sì, forse no.

Batticuore

La tua visione mi fa battere il cuore,
le gambe mi fan tremare.
Un brivido mi percorre la schiena,
non ti sei accorto di nulla.
Porgendoti la mano ti scruto a fondo,
lo stesso imbarazzo da me
poco prima provato ora invade te.
Stringendoci i palmi un tremolio improvviso,
uno sguardo intenso poi il silenzio.
Che batticuore!
Un abbraccio improvviso, poi il resto ...

L'eco

Nel silenzio ovattato
di una camera buia
grido il tuo nome.
La sua eco
rimbomba.
I battiti
vorticosamente
aumentano.
Urlo di nuovo,
risposta non c'è.
La tua immagine vedo
sempre viva e presente
anche quando non ci sei.

Piccolo fiore

Quando un giorno
ti incontrai,
nel fiorire dei tuoi anni,
vidi splendere un dolce astro.
Come potevo io
non amarti?
Tu piccolo fiore
che mi hai rubato il cuore,
sei ora,
la ninfa dei miei giorni.
Ti prego,
non mancare.
Non far sì
che io appassisca.
Potrei morirne.

Vorrei

Vorrei sapere che pensi
e sapere che stai pensando di me.
Vorrei sapere che sogni,
che sogni di me.
Vorrei sapere che urli
e che stai urlando per me.
Vorrei sapere che soffri,
che soffri per me,
vorrei sapere che cerchi
e sapere che stai
cercando,
cercando di me.

Ricordo di te

Ho risfogliato
un poema
per meglio ricordare.
Sorpresa
all'ultima pagina.
Il libro
si è sgretolato
impolverando
le mie mani.

Polvere bianca

Amico,
con mani protese
ed occhi brucianti di lacrime
consiglio rifiuti.
Libertà non cercare
là dove in essa la vedi,
e là dove nella stessa ricerca
essi errore commettono.
Libero ora sei,
di esserlo non sai.
Bruciare non puoi parte di te.
Nella purezza
della tua prima libertà
se puoi rimani.

Infinite ante

Un giorno acquisterò un grande armadio,
con infinite ante e cassetti senza fondo.
Ogni anta conterrà un po' della mia vita.
Riporrò errori, rimpianti, paure,
gioie, ansie e dolori,
facendone tesoro dell'esperienza che avanza e matura.
Ogni dì, vedendolo, nei sui lucenti cristalli,
vedrò riflessa la tua immagine.
Sovrapporla ad un'altra mai potrò.
Sempre ti avrò nel mio cuore
e mai ti reprimerò chiudendoti
nel mio immaginario armadio.

Se più non ti ama

Deponi una pietra
in quel cerchio
di tempo.
Non ci si annulla
a dismisura.
Trafiggi incoerenze,
inutile soffiare
su cenere spenta.

Tu vivi

Morsi d'ansia
hanno sconvolto
la mia anima.
Sapere che ci sei,
sorridi,
parli e pensi,
è la mia più grande
gioia eterna.

Rosaio in fiore

Eri tu la rosa più bella in un rosaio in fiore.
Tu piccolo fiore dal profumo inebriante,
la regina fosti di un'era moderna.
Il tuo volto e il tuo viso da linea perfetta,
adulato e decantato è stato,
da chi in te possibile sposa vedeva.
Sotto l'ombra di una rosa in fiore,
per molto ha alloggiato un riccio spinoso
da aculei pungenti,
pronto a infierire su un petalo vellutato,
reclamando invano un piccolo spazio
in un rosaio in fiore.

A mia sorella Luigina
1988

Amore e pensiero

Apro gli occhi e guardo il soffitto,
immagino dove sei, dove sei non so.
Sorseggio un caffè e fisso un angolo di casa.
Guardo ma non vedo,
ascolto ma non sento,
il tuo nome è nell'aria,
il tuo volto mi è vicino,
la tua voce è musica.
Riposando sul letto ti penso,
la mia mente è vuota, mi giro e rigiro.
Con mano leggera quel filo accarezzo,
chiamarti, parlarti vorrei, poi dico no.
Fa male saperti lontano,
e farti sapere, sapere, sapere.

NOME.............. AMORE MIO
COGNOME...... DOLCISSIMO
VIA................ CENTO BACI X TE
C.A.P.............. TUO TELEFONO
CITTA' ....IMPRECISATA

TESTO

CAUSA INNAMORAMENTO ESPLOSIVO URGE TEMPESTIVO INCONTRO SERALE ALL'HOTEL DELLA SPERANZA ONDE RAFFORZARE SITUAZIONE AMATORIA STOP
PREGO INDOSSARE JEANS E MAGLIA VERDE STOP
SEGUIRA' PRANZO DA ME OFFERTO
ELENCO DEL MENU':

- UNA STRETTA DI MANO
- TANTI SORRISI
- MOLTE COCCOLE
- BACI QUANTI NE VUOI
- TRE PIZZICOTTI AL TUO NASO
- MILLE CAREZZE AL TUO VOLTO
- TANTI ABBRACCI
- FINALE CON ESPLOSIONE DEI SENSI E
  TUTTO L'AMORE CHE VUOI STOP

- TI PREGO DI NON MANCARE

BACI BACI

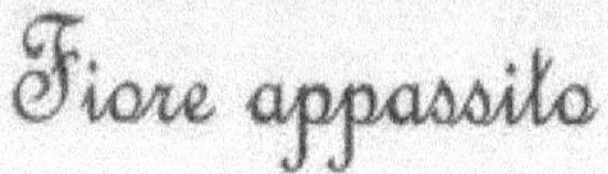

Come un fiore appassito ti ricordo,
stanca di lottare , stanca di soffrire.
Una lenta agonia e poi Lei...... con passo leggero via ti portò.
Una manciata d'anni eran pochi per capire, molti per soffrire.
Rabbia, ribellione di me si impadronirono, una lettera ti scrissi, risposta aver non ha potuto.
Solo ricordi dal tempo offuscati ho di te, ma il tuo dolce sorriso mai dimenticarlo potrò mamma.

Giugno 1988

Romanzo d’amore

Tenui ed incerti
raggi di sole
tentano di scaldare
i nostri gelidi Io.
Vani i tentativi.
Un impetuoso vento
ha staccato
le foglie
del nostro amore
separandole nel volo.
Ora un passante
incurante ed ignaro,
calpesta insudiciando
un romanzo d'amore.

Musica e parole

Il tuo bel viso sorridente illumina la strada
che domani e sempre verso te mi condurrà.
Questo amore cresce di giorno in giorno
ed io ti porto dentro l'anima
con amore ed orgoglio ineguagliabili.
Ascolto le note di una canzone,
la sua musica e parole mi consolano
parlandomi di te.
Te … che sei la mia luce divina,
la roccia dove sorge e sgorga la mia felicità,
la prosa della mia vita, la musica del mio silenzio.
Tutto di te è parte integrante del mio essere.

Quell'amore …

La mia mente vaga nei sentieri dei ricordi dei giorni trascorsi. Sono stanca, pressanti malinconie schiacciano e sovrastano i miei pensieri. Vorrei poter non pensare, ma quant'è difficile non farlo. Riesco a reprimere lacrime amare, e con esse un sentimento a me finora sconosciuto, l'amore, quell'amore che tu, senza pudore, hai confessato di avere nei miei riguardi. Non vuoi niente da me, dici che ti basta amarmi a distanza, sapere che esisto e che ci sono per te, è l'unica immensa gioia.
Per te, ma non per me. Non sono un quadro da ammirare!

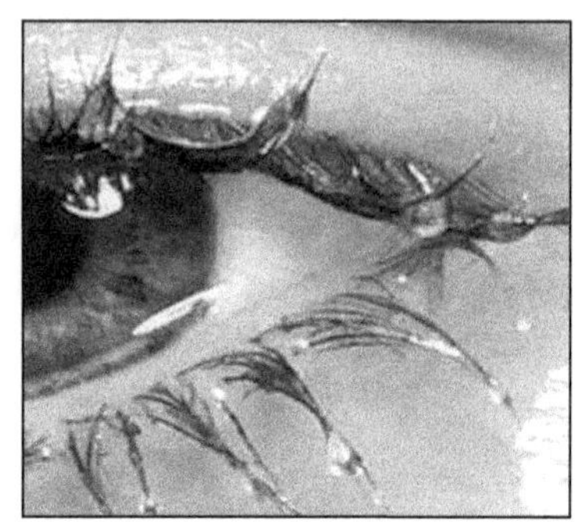

Senza rancore

Oggi per la prima volta ho pianto, un pianto silenzioso, due lacrime mi rigano il volto, è un pianto dedicato a te. Ero sopita, mi sono destata pensando di te.
Mentre affiora la tua immagine ti accarezzo con il pensiero e ricordo ciò che è stato. Per questo ti dico grazie. Un grazie dettato dal cuore, dall'amore, un amore platonico ma grande credimi. E' stata un'illusione ma, la ricorderò per sempre. Grazie a te ho imparato ad essere più coerente. Mi rimarrà il ricordo di te e del tuo sorriso, della tua bella voce. Non ho rancori nei tuoi confronti, è stato bello lo stesso grazie!

Pensare te

In un momento di quiete la voce del mio cuore mi esorta di pensarti. Amore, dove sei mi chiedo?
Vorrei essere la lancetta di un orologio per poter fermare lo scandire delle ore ed assaporare più a lungo questo momento. Com'è bello vederti, pensarti, sentirti, incontrarti! Incontro all'amore vado con passo leggero, pensare te è come volare in un oceano di felicità, sentire te la mente mi si inebria, vedere te non so cos'è.
Una domanda per mille risposte, una risposta per mille domande, risposta non trovo. Che importa?
L'amore mio per te è limpido e puro come l'acqua di una sorgente e fiume diverrà nel corso del suo natural cammino.

Lettera d'amore

In quest'ora silenziosa rilassandomi scivola nei miei pensieri la tua immagine. Mi fai tenerezza, sorrido con dolcezza. In questo momento vorrei poter parlarti, ho voglia di vederti, ho voglia di sentirti, vorrei coccolarti. Una strana sensazione sento imperversare nel mio corpo, è il desiderio di te. Chiudo gli occhi ed è come averti accanto.

Chimere

Se un giorno tu di me ti ricorderai, non chiederti chi fui e chi ora sia. La bambina che si atteggiava a far la grande è oramai cresciuta, gli improvvisi batticuori ora fanno parte dei tempi legati alle prime emozioni. Se domani ci incontreremo, non stupirti, le nostre vite in cammini non paralleli si sono evolute. Il pischello di allora è solo un'ombra riflessa dei tempi che furono. Al posto della tua antica strafottenza emergono ora, ben celate, valanghe di rimpianti per chimere mai avute. Al posto delle mie insicurezze ora c'è una donna non più inutile come un tempo credeva. Chi semina raccoglie, ognuno ora raccoglie ciò che ha seminato.
Quel giorno non chiederti chi sono, o come sono, non comprenderesti nel tuo tutto fumo e niente arrosto …

Lettera d'amore a:

Fabrizio Frizzi
Presentatore

Dolce Fabrizio,

il tuo dolce sorriso mi ha conquistato, sai?
Io pensavo che le persone famose fossero tutte esaltate, forse mi sbagliavo, tu sei l'eccezione che conferma la regola. La tua semplicità mi ha stregato, insomma, mi sono innamorata di te. Prima di sposarci però devo risolvere qualche problema, mia cugina dice che sono matta, ma dimmi, si è matti quando si ama? Non credo.
Da brava ragazza sto ricamando il nostro futuro corredo, per la casa non ci saranno problemi, ci penserai tu

vero? Sarai ricco spero! Il vestito da sposa l'ho già ordinato e provato, sai? E' un incanto.
Come testimoni vorrei Boncompagni e la Carlucci, in viaggio di nozze andremo a Venezia, Lugano e Vienna.
Caro dolce travolgente mio unico e grande amore, resta un solo ostacolo, momentaneo però, la tua compagna.
La mia cartomante di fiducia mi ha assicurato che la lascerai al momento quando mi conoscerai, così caro amore ogni cosa sarà risolta.
Ehi! Sia ben chiaro sin da adesso, ci sposeremo al comune con rito civile, non insistere nel volerti sposare alla Chiesa, o Dalla Della Chiesa, accidenti alla grammatica, come si dice?

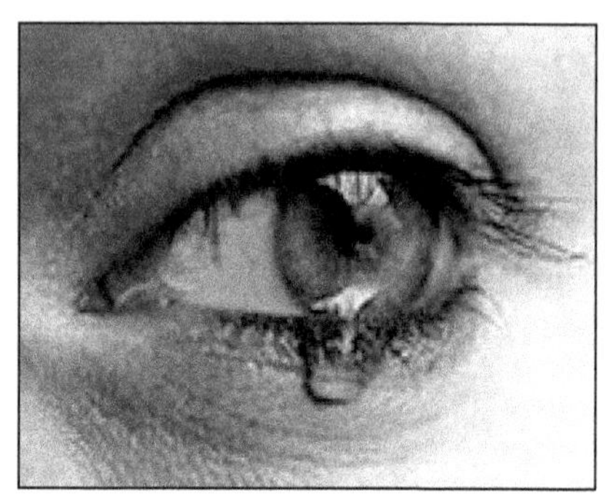

L'amore

Vorrei piangere, vorrei urlare, la mia vita scorre lentamente e si consuma. Sul mio volto c'è il sorriso, nell'anima disperazione, quanta forza per lottare, ma che fatica! Se potessi mi dissolverei, no, non sono matta, non è stress come direbbero gli psicologi, ma loro poi, chi li cura? Tra i depressi forse loro lo sono più di noi, il mio male non è la depressione ma solo rassegnazione. I miei giorni pian piano mi distruggeranno, ma che importa? La mia anima sta morendo. I miei valori e sentimenti a nessuno voglio offrirli, meglio affogati che calpestati. Quanta ipocrisia! L'amore non esiste, lo penso e lo sostengo, almeno come intendo io. Chi parla d'amore? Tutti scemi, vogliono illudersi per sognare, non si vive di illusioni, allora? Niente amore ma solo sesso. Si dice che il sesso è anche amore, ma mica è vero. Mi farei schifo, non potrei barattare il mio corpo. Gli altri che lo fanno? Fatti loro.

Giorni a venire

Le ore di questa serata sembrano eterne, il tempo pare si sia fermato ed io mi trovo qui con i miei dolorosi pensieri. Ripercorro con la mente attimi di un passato ormai lontano, tracce dolorose si dissolvono lentamente ai fantasmi dei ricordi, per un attimo mi viene voglia di piangere ma mi trattengo. Ad un tratto vedo un'immagine sublime, sorrido e mi sento molto meglio, è la tua immagine, quanto sei cara! Questa visione in un attimo mi trasforma, sei bellissima, quella bellezza interiore che traspare ad ogni gesto, ad ogni sorriso. La bellezza della semplicità e spontaneità. Inutile negare che forse ho sempre sognato di incontrare una persona come te, l'ho incontrata, e mi auguro di non perderla, di non perderti. Per i miei giorni a venire, vorrei avere una donna accanto a me con sentimenti profondi con cui poter costruire un solito rapporto, tu che dici?

Corriere dell'amore

quotidiano indipendente dei sentimenti (registrato al tribunale dei cuori) Anno 1 n 2 £000

Edizione straordinaria

Pagine di vita

Lettera ad un amore infinito

Caro amore, come non puoi avere certezza che io amerò sempre e solo te? Sei una cosa troppo grande per dimenticarti. Tu intanto andrai a ricercare la tua anima sofferente tra aride sterpaglie, ed il tuo dolore nessuno potrà lenirlo. Ameremo la nostra anfora di cose seminate e mai raccolte, capirai cose mai capite, ed a mani tese andrai a riprendere e racchiudere i miei sorrisi. Si, amerai di me tutto quello che non hai più, ed il mio nome verrà scolpito tra pagine di vita. La tua vita.

Lettera d'amore di un'impiegata al suo dirigente

Dolce amore lanterna dei miei giorni e della mia vita, grazie di esistere!
Mi rendo conto che amarti è una follia, del mio amore che sento di nutrire per te, certamente non saprai mai nulla. Che strana la vita però, quel giorno che ti vidi apparire sulla soglia del mio ufficio, ti paragonai ad un burbero vecchietto, anzi, mi stavi pure antipatico!
Non so poi come andarono le cose, l'averti giorno dopo giorno davanti sentivo che l'immagine burbera, svaniva dalla tua personalità. Mi chiedo una sola cosa, come può essere amore il mio verso te?
I quarant'anni che ci separano non sono frottole, potresti essere mio padre, forse anche mio nonno. Allora è giusta la tesi che sostiene che l'amore non ha età?

Quando non ti vedo sento il tuo sorriso illuminarmi ed avvolgermi, le tue labbra sono due gioielli preziosi che mai potrò assaporare.
Mi auguro che questo amore così forte, così intenso, si sgretoli pian piano nell'impossibilità di amarti.
Dolcissimo mio direttore, ti amo tanto e mai lo saprai, domani come ogni giorno attenderò il tuo arrivo facendo attenzione a non far trapelare nulla come al solito!

E' bello

Penso che questo amore
prima o poi potrà finire.
Perché chiedersi quando finirà?
Si è annunciato piano piano,
quando sarà il momento se sarà,
pian piano potrà andare via
lentamente, senza scosse
così come è venuto.
Sì, è bello vivere questi momenti,
assaporando la felicità
che ci procura i nostri incontri.

Inno d'amore

Sei il mio fiorellino azzurro,
nell'azzurrità del tuo nome io ti amerò.
Il tuo dolce sorriso
è racchiuso in un bocciolo di fiore,
con il calore del mio amore
ogni giorno sboccerà
e mai potrà appassire.
La tua voce è musica per me,
senz'altro più intonata è,
di un'orchestra filarmonica,
sulle sue note io danzerò.
Il tuo nome
dolce e delicato è,
come un lampone appena colto,
pronunciandolo
dolcezza ed armonia

doserò per non sciuparlo.
I tuoi occhi sono astri divini
di rara bellezza,
il tuo volto
radioso e splendente,
lievemente accarezzerò,
riponi le mie impronte
e baciale quando vuoi.
Tu sei la mia gioia,
la mia rabbia, la mia illusione,
la mia realtà, la mia insonnia,
la mia forza, la mia àncora,
il mio oggi, il mio domani,
il mio tormento.
Questo ed altro sei tu per me,
facendo di te, la mia poesia.

La tua voce

Mi sono svegliata pensando di te, nella mia mente cerco di mettere a fuoco la tua immagine ma non ci riesco. Al tuo viso così caro, così bello, si sovrappongono altre immagini. Ti scrivo queste frasi per dirti ciò che a voce non ti dirò mai, vorrei dirti tante cose ma non so se puoi capirmi. Forse penserai che sono matta, sì, senz'altro lo sono, ma cosa importa? Questo dolce sentimento che sta nascendo dentro di me, mi aiuterà a superare le traversie della vita. Non temere, non ti farò del male, rimarrò sempre nel mio angolino in disparte, l'amore è una cosa bella, importante, ma i nostri doveri sono ancora più importanti. Vorrei vederti e dirti che mi piaci, ma questo già lo sai, allora perché ripeterlo? Vorrei incontrarti ma ho paura, ma perché paura? L'ho di te o di me? Ma no, forse non l'ho di nessuno. Ho voglia di ascoltare la tua voce, quanto mi è cara! E' una voce unica, inconfondibile, forse è la voce più bella che io abbia mai ascoltato, solo a sentirla mi esalto. Forse non ò vero che è unica, ma a me piace tanto. Vorrei incontrarti e stringermi tra le tue braccia, per un momento dimenticare tutto e tutti, sussurrarti dolci parole, abbandonarmi insieme a te per un momento all'amore e dirti "Ti amo". Ma no, che stupida parola ti amo, per me è la più insignificante che possa esistere nel linguaggio dell'amore. A cosa servono le parole quando una stretta di mano, uno sguardo, un abbraccio, possono dire cento, mille cose di più?

Incontro d'amore

Vorrei poter ritornare indietro nel tempo, e rivivere il nostro incontro d'amore.

Ricordo il tuo pallido viso, il cuore ti batteva forte, che emozione! Pronunciavi parole confuse e sconnesse, farfugliando sussurravi che era impossibile che io mi trovassi tra le tue braccia, sicuramente sognavi, no, non sognavi ero proprio io. La pioggia scendeva lentamente, ed i vetri oramai appannati furono gli unici testimoni oculari delle nostre effusioni. Il cuore mi scoppiava di gioia, era proprio te che volevo, lo desiderai dal primo istante che ti vidi. Non eri tu che sognavi, forse ero io a sognare.

Vivrò in ricordo di un meraviglioso incontro d'amore
che mai e poi mai potrò dimenticare.

Qualche volta, quando imperverserà un temporale, ricorda il nostro incontro, rivivi le emozioni, gli attimi trascorsi, anche io farò altrettanto. Solo così il nostro unico e importante incontro, non rimarrà seppellito nelle nubi oscure del passato ed essere seppellito dai ricordi, che il tempo inesorabilmente spazzerà via.

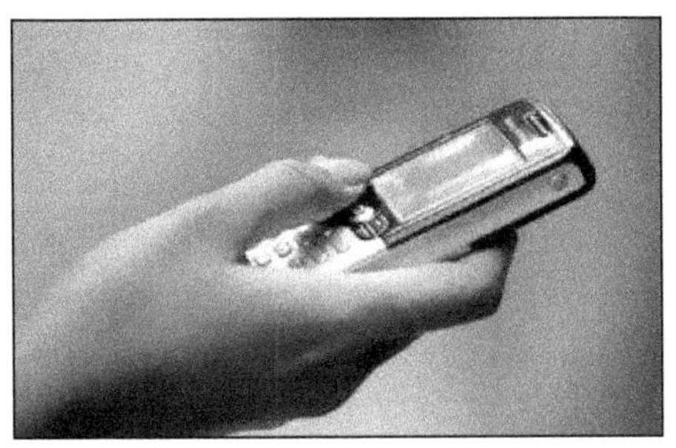

A tu per tu

Lo sai che ti voglio molto bene? Mi auguro che questa splendida amicizia non abbia mai fine. E' stato un lungo gioco telefonico senza precedenti, ma credimi, penso irripetibile. Quante volte sento di aver bisogno di te e dei tuoi giudizi, dei tuoi consigli, e quante volte mentre il telefono squilla in cuor mio mi auguro che sei tu, tu il mio caro angelo! Ehi, non fraintendere, non pensare che io mi stia innamorando di te. Quello che io sento e provo è un sentimento che va oltre l'amore e l'amicizia.
E' un sentimento integro, basato su rispetto e grande stima. In cuor mio spero che questa amicizia che ci lega sia unica, che non ci sia spazio per nessun altro. Ma no, che penso e scrivo ... queste cose forse è meglio dirtele a voce, a tu per tu, almeno puoi ribattere.
Ciao

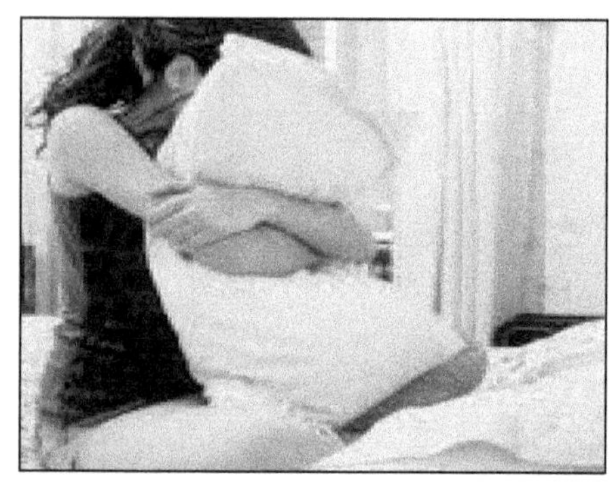

PENSIERO D'AMORE

Amore mio,

vorrei che anche tu come me stessi pensando a noi. Sorrido e ti penso sperando che anche sul tuo viso sia nato il mio stesso sorriso. Abbraccio il cuscino e mi sento sfinire, vero amore che anche tu mi senti vicino?
Sì, certo che è vero, come in un film vedo che anche tu ricambi il mio sorriso, mi mandi un bacione e sorridi sorridi. I tuoi occhi splendenti sprigionano amore, sono lucidi di commozione, di gioia e speranza per noi. Con gli occhi socchiusi ti sento vicino, vero amore che è così? Sorridi ancora, ti commuovi e invii ancora bacioni. Stringo forte ancora il cuscino, ma nella mia mente è come abbracciare te, e nella frescura di questa stanza sento ancora il mio corpo coprirsi di baci e carezze.
Cosa non può fare un pensiero d'amore!

Amore ti chiedo "Solo io ho vissuto questo incontro in questi attimi fuggenti?"
No, nel film del mio pensiero vedo che anche tu rispondi al mio sorriso abbracciandomi forte, forte, forte.

Grazie amore

Ogni parola da te pronunciata non andrà via con il vento, ma rimarrà scritta nella scia delle nostre conversazioni e la sua eco mi accompagnerà in ogni istante. Il tuo volto, le tue espressioni, sono per me il libro aperto della tua anima. Mi basta guardarti per un istante e carpire le origini delle tue ansie, ti prego, non soffrire per chi ti calpesta. Le orme di chi defrauda, cancellale con l'indifferenza totale. Smetti di considerare chi ti dice che gli sei indispensabile e poi infierisce contro te con prepotenza e cattiveria. Per molti sei un oggetto e vorrebbero farne possesso, ma non per me, io ti amo come tu ami me, non dimenticare che non sei di nessuno, nemmeno mio. Anzi, grazie per avermi scelto tra mille e concesso con amore il trono d'onore nel tuo cuore.

Per nessuna cosa al mondo, non permettere di farti giostrare e far calpestare i tuoi diritti individuali, i bui o le gioie interiori che ognuno di noi con coraggio ed orgoglio ogni giorno si conquista. Fallo, per nessuno ma per te stesso amore mio.

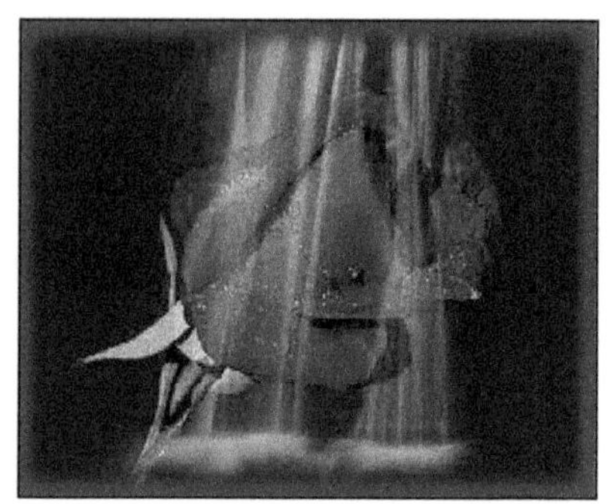

Diffusi bagliori

T'amo per ciò che sei, per come sei.
La mia anima ti ho donato, fa di lei ciò che vuoi.
Nel cielo della mia vita ci sei tu,
solo tu re del mio cuore e concretezza del mio oggi.
Sul tuo viso staziona l'alba nascente del sorriso,
del tuo dolce radioso, sconvolgente sorriso
che un giorno mi avvolse e rapì.
I suoi diffusi bagliori non avranno tramonto.
Ogni giorno sarò io a far sorgere il sole nei tuoi occhi,
sul tuo viso lo farò posare, per me splenderà.

La forza del pensiero

In lontananza si sentono rumori attutiti di automobili, voci di persone si disperdono tutt'attorno ed io lentamente mi comporto da automa. Ho lo sguardo fisso nel vuoto, il mio cuore bizzarro batte freneticamente, tu non ci sei ed io sto morendo lentamente. Rivivo come in sogno i nostri momenti, la nostra intimità, il profumo della tua pelle mi inebria e stordisce. Ora sto accarezzando te, la mia mano carezza la tua fronte, scivola lentamente sul tuo viso, un puffo sulla guancia e poi … i contatti ci elettrizzano, mi sorridi, i tuoi occhi sono umidi, sorridi ancora, sorridi e piangi anche tu insieme a me. Le mie mani stringi forte, una stretta che attanaglia i nostri cuori soffocandoli, non parliamo ci fissiamo. Le nostre mani sembrano calamite, i nostri sguardi per un attimo si evitano e si offuscano, il nostro amore è maledetto per occhi altri, tu non sei mio ed io non sono tua. Un tempo si istituì un contratto, i nostri nomi in quel registro non compaiono, non sono scritti, siamo ladri, peccatori e traditori. Sì è vero, non ci sono contratti ma il nostro amore non necessita di contratti scritti e di consensi altrui. Ogni attimo lo viviamo in estasi totale, i nostri lei e lui non esistono, le loro gelosie per noi sono solo eresie, non capiranno mai e forse li compatiamo anche. I nostri pensieri si fondono in una dualità completa, totale, e quando siamo lontani momenti vissuti riviviamo al presente, e ogni attimo siamo vicini, vicini con la forza del pensiero che solo l'energia del nostro incontrastato amore è capace di produrre.

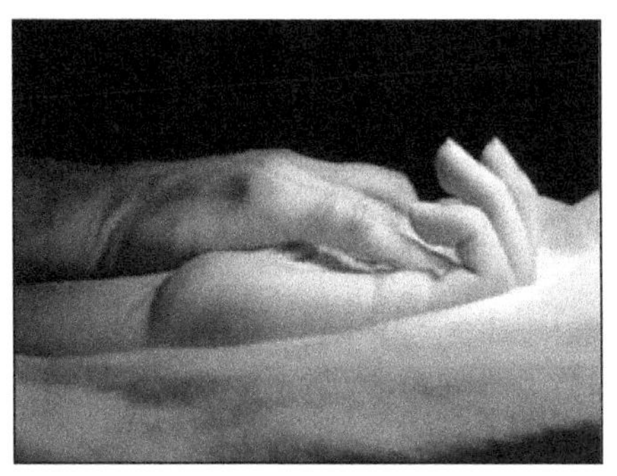

Dolce amore

Dolce amore,
tu che riempi e colmi la mia vita,
grazie di farne parte.
La tua vitale presenza
come incanto
ha sollevato e dissolto al vento
polvere di pagine sbiadite
di un inutile
ed apatica esistenza.
L'averti accanto è,
e sarà per sempre l'unico mio
ambito trofeo,
tenterò di non deluderti mai.
Come potrei spegnere o offuscare
anche solo per un istante

il tuo splendente e radioso viso?
Sei tu ogni giorno
l'unica stella suprema
che mi rigenera
e mi illumina la strada
da percorrere
nelle impervie vie del mondo.
Dolce vita mia,
io ti amo, ti amo tanto.
Vorrei poter racchiudere
la tua persona
nel palmo
della mia mano
e dolcemente
cullarla sempre.

Solo per un istante

Mia piccola gioia, mai saprai che dietro l'immagine della mia influenza si cela un uomo troppo solo rinchiuso nella sua solitudine.

Dietro il prestigio in cui appaio c'è un essere quasi inerme, questo mai lo darò a capire, il mio ruolo mi costringe purtroppo oramai a recitare.

A volte mi sento un mendicante anche se ho il necessario e di superfluo quasi tutto, certo, questo tu non potrai mai capirlo.

La vita mi ha provato, ciò che mi circonda e costruito mi è di peso, un peso incontenibile.

Spesso esaminandomi mi chiedo se era necessario ciò che ho fatto, per loro sono fortunato e sono tutto, a me non restano che vuoti incolmabili ed una lacrima mai versata che ora reclama il suo decorso.

Mai mi additeranno, sarò abile a mostrarmi come sempre, la mia è come una missione che ogni giorno son costretto a recitare come da copione.
Neanche tu mia piccola gioia saprai che sei nei miei pensieri e che il tuo arrivo mi ha sconvolto.
In segreto ti penso e ti desidero, se potessi averti accanto anche solo per un istante non mi sentirei più un uomo troppo solo rinchiuso nella mia insofferenza.
Se non fossi quel che sono, potrei offrirti un fiore e dirti che sei importante, che mi sei quasi indispensabile.
Così non posso altro che pensarti ed invano desiderarti, sperando almeno di sognarti, per averti ugualmente accanto anche solo per un istante.

Principe dell'amore

Per un attimo mi sono illusa di aver trovato quel che cercavo, è stata un'utopia. Mai pensavo che per te ero stata un gioco telefonico, l'altra non la pensavo e nemmeno immaginavo. Dal torpore del mio dolore poi mi sono scossa, con giudizio e serenità ho concluso che nonostante tutto non sei stato inutile, ti ho amato tanto e nei miei sogni di adolescente ti avevo trasformato in principe dell'amore. Non chiederti come mi sento, non comprenderesti il mio stato d'animo. Domande senza risposte ora si accavallano dentro me, non solo per quello che avrei desiderato e sperato, ma che fa, continuerò a vivere ancora in solitudine e forse verserò qualche lacrima singhiozzando. Con forza e coerenza cercherò forse invanamente di sopperire a questo amore per non morire, sicuramente, anzi certamente non morirò perché io ti amo ancora e ancora te amerò domani.

Ti prego sii clemente e non ridere di me. L'amore ad alcuni è una parola incomprensibile, forse capirai un giorno quando anche tu con determinazione cercherai di varcare le sue soglie. Le avventure passate ti si tramuteranno in polvere, e la polvere si sa, poi si spazza e va con il vento. Ogni essere ad un certo punto della vita per crescere fino in fondo ha bisogno di certezze concrete, la polvere invece annebbia solo gli occhi e dà prurito.

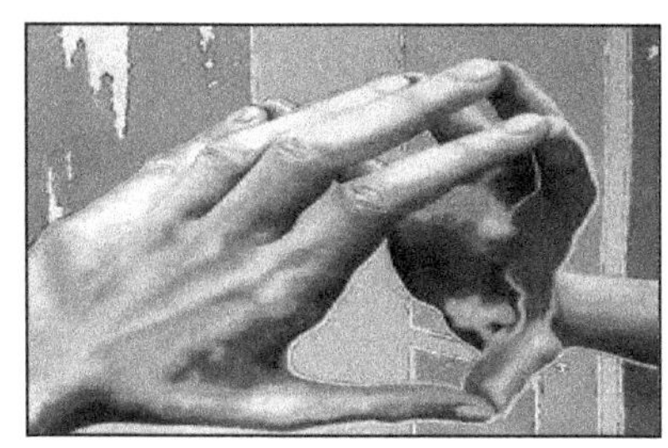

... UN POSTO AL SOLE ...
sfogo di un uomo di successo

Sono solo, solo più che mai in mezzo a tanta gente.
Era questo ciò che volevo dalla mia vita?
Per sfondare ho sofferto e lottato molto, ora che posso definirmi arrivato mi guardo nello specchio e mi faccio quasi pena. Non pensavo e non credevo quale prezzo avesse il mio conquistato posto al sole. Lontano da occhi indiscreti ora vorrei abbandonarmi ad un irrefrenabile pianto, senza pudore, senza falsa ipocrisia. Per troppo, molto tempo, mi son visto trasformato in una macchinetta crea soldi, non mi sono mai voltato indietro, avrei potuto perdere sugli avversari, loro avevano, io per stare al loro passo dovevo avere quanto loro o più di loro. In questo mondo dove regna l'egoismo, sono stato uno sporco protagonista colto da raptus di arrivismo.

Sedendo sul mio podio mi accorgo di essere adagiato in vetrina, mi viene rabbia, vorrei infrangerla ed essere uno spettatore, ma quant'è difficile tornare indietro.
Da molto, troppo tempo non ricevo una carezza vera, lasciatemi solo, voglio piangere e sfogarmi, ne avrò il diritto? Diritto? No, io ho solo doveri.
Riguardandomi nello specchio mi schiaffeggerei, la mia felicità non posso comprarla e non porta firme di stilisti dell'ultimo grido come credevo.
Ripeto, lasciatemi solo. Non distoglietemi almeno dai miei pensieri.

Piangere o ridere

Apro gli occhi e guardo il soffitto, struggenti malinconie si impossessano di me.
Per la prima volta in vita mia prendo carta e penna e immortalo ciò che vorrei dirti a voce in questo momento. Sei stata una compagna unica, brillante, insostituibile, vorrei che tu per una volta riuscissi a comprendere con chiarezza ciò che sto per scriverti. Quando in passato ti incontrai, fui, inutile negarlo, letteralmente sconvolto da te, la tua presenza cambiò radicalmente i miei giorni. "Ho trovato" dicevo "La donna che sognavo, la donna che ha cambiato la mia vita". Solo io posso dire che sensazioni, che gioia, che serenità mi portò la tua costante presenza. Ero e mi sentivo un uomo sereno, mille volte ti ho ringraziato di esistere! "Grazie amore" dicevo. Purtroppo non sono state tutte rose e le spine sono state le più dolorose, tracce incancellabili nel tempo, la gelosia.

Con il tempo il nostro bellissimo rapporto si è trasformato, sfumato, in alcuni momenti il nostro è un amore odio. Non si può più continuare a riunire e rompere una storia a volte importante, a volte inutile. Mia cara, confessa anche tu che forse è giunto il momento di porre fine a questo idillio, non mi sento più di continuare questa relazione che ci ha dato mille gioie e molti dolori. A volte mi sembra di odiarti e negli ultimi tempi mi ripeto: "Nel suo cuore non c'è posto per nessuno". Sono le gelosie che mi portano a fare queste dure considerazioni. Voglio dirti insomma che non voglio più continuare questa storia a volte assurda, non negare che in fondo è ciò che vuoi anche tu. Ho bisogno di esaminarmi, di stare da solo e cercare di ricostruire i cocci della mia anima e trovare in qualche modo uno spazio individuale nel quale possa ritrovare me stesso. Anche io ho un'anima, un cuore, e mai come ora voglio stare da solo per piangere o ridere che sia.

Quadro d'autore

Nella penombra della mente
accendi dei riflettori
accesi su un passato
così remoto, così vicino.
Rivedi un quadro,
un quadro d'autore.
La tua anima sussulta,
urla e si contorce,
agitandosi affoga
in acque torbide
e insanguate da lacrime represse
per poi sprofondare
nell'incognita del futuro,
il futuro che verrà.
Rivedi, mentre rivedi

una mano ti regge
il mento,
l'altra tenta di asciugare
una lacrima muta
venuta giù dolcemente.
Un quadro
disegnato con maestria e amore
pian piano si è sbiadito.
I colori hai ridipinto,
ma la tinta ad olio
si dissolve sgretolandosi.
I pezzi in frantumi
ricomponi,
un quadro d'autore diviene mosaico,
le tessere sono stanche,
stanche di essere
attaccate e ristaccate.
La colla è secca,
non aderisce,
oramai non fa più presa.
Era un quadro d'autore
dipinto con colori
sfavillanti,
tutti lo ammiravano.
Resta un mosaico,

un mosaico con tessere mancanti.
Tra non molto
diverrà solo un anonimo
foglio di truciolato
in ricordo
di un quadro d'autore.

(Violenze psicologiche)

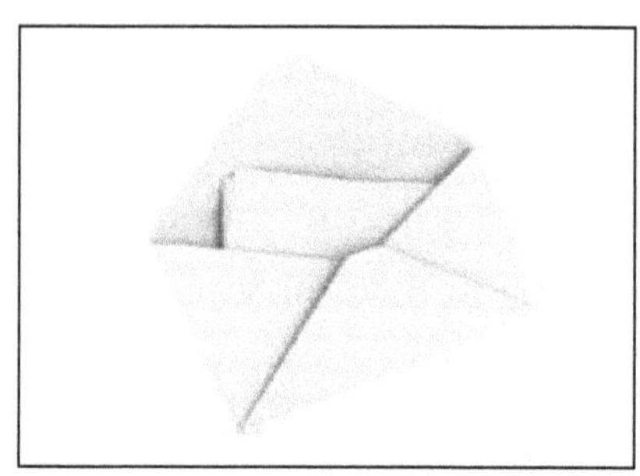

Lettera aperta

Caro foglio,

permettimi per una volta di usarti per un mio sfogo personale, avrei voluto iniziare questo scritto con mia cara, ma non voglio barare, lei, non potrà più essere la mia cara, così sarà una lettera aperta a lei.

"Mi chiedo come puoi rovinarti e rovinarmi l'esistenza, la tua assillante gelosia mi tormenta, è una continua tortura. Vorresti persino togliermi la libertà di pensiero, allora penso quanto sei falsa, ipocrita e meschina, non con la continua tortura che si tiene accanto una persona, anzi, così facendo non hai fatto altro che allontanarmi da te e far crescere nei tuoi confronti un forte senso di repulsione.

Sai? E' da un po' che ti spio, ma non certo per gelosia, il tuo sguardo a volte fa paura, è uno sguardo gelido, freddo. Mi fai rabbia, a volte vorrei prenderti a schiaffi per

la tua fredda ed ostile insensibilità. Lo sai come ti chiamo in cuor mio? Calcolatrice, sì, sei un mostro di calcoli, fai la vittima e fai vedere che per te sono importante, indispensabile, ma sappi che puoi barare solo con te stessa. L'amore che ci ha unito in passato, ammesso che di amore si sia trattato, si è irrimediabilmente dissolto.
A volte mi sembri un manichino, quanto sei ridicola!
I tuoi unici problemi sono solo il parrucchiere, il guardaroba da rinnovare ...
Dopo molto ho capito l'origine della tua possessività, non puoi permetterti di perdermi, come farai senza me? Che squallore! Intanto io sono qui a scriverti questa cruda verità, vorrei che leggendo queste righe tu ti ci possa riconoscere e per una volta nella tua vita esaminarti senza ipocrisie.
Il nostro legame non esiste più, perché non ci separiamo?
Sicuramente ti si drizzeranno i capelli, già ti immagino, mi vien da ridere. Non sopporteresti mai l'idea che in futuro io possa scegliere o trovare un'altra compagna che non sia tu.
Lo so, la sola idea ti terrorizza, non accetteresti mai l'idea di essere messa da parte e dover sfacciatamente dimostrare all'opinione pubblica che un'altra ti abbia sostituito nel mio cuore.

Non prenderti patemi d'animo inutili, già fatto. Se qualche volta mi vedi strano, assente, malinconico, è lei che sto pensando, è lei che amo veramente. Un giorno non tanto lontano ti dirò: "Separiamoci, la farsa è finita".
Quel giorno sarà inutile piangere o recriminare, è finita davvero".

Tu donnaiolo

All'improvviso mi sveglio a notte fonda,
una morsa mi stringe il cuore, è un incubo,
vorrei gridare il tuo nome
e sentire il suo rimbombo avvolto nell'oscurità.
Come un automa cerco una penna
per scrivere dei versi a te dedicati.
Le parole vengono da sé,
"Vai via dai miei pensieri, non tormentarmi più
amore ossessivo, non sono la pedina di una scacchiera
da spostare a piacimento,
per giocare, vincere o perdere che sia.
Sono solo io una povera innocente
caduta per errore nella rete dei tuoi giochi".

Attrazione

Non vorrei che tu pensassi che io mi stia innamorando di te, il mio non è amore, ma avrai capito che mi piaci, mi piaci da morire, e allora? Non è forse cosa positiva? Il tuo fascino selvaggio ed aggressivo mi colpì, la tua persona è di una classe indescrivibile, le tue mani e il tuo cervello sono da fuoriclasse. Mi piaci, mi piaci, mi piaci, mi fai impazzire. Vorrei per un attimo poter accarezzare il tuo bel viso, sentire la tenerezza della tua pelle, e dolcemente violentarti. Non violenza vera e propria, ma violenza reciproca, io a te tu a me, dai non ridere, così mi fai impazzire ancora di più. Sciogli al vento la tua imperturbante severità, tanto io so che in fondo sei un uomo fragile ed hai tanto bisogno di chi come me, non ti consideri solo per quello che fai, ma anche per quello che sei. Ti darò grinta, voglia di vivere, e voglia di sorridere, è vero che dà molto non sorridi anche per cose futili? Il tuo cuore è troppo abituato alla routine e ai calcoli che due più due fa sempre quattro. Dai, spogliati del tuo abito a cui nulla è concesso, strappa le regole della tua vita e gettati a capofitto a gustare anche solo per un attimo un sogno, un'illusione. Ti darà molto di più di ciò che immagini e non ti pentirai.

Ti penserò

Sono una donna come mille al mondo con sani principi morali, ma credo che tu di questo non ti sei mai accorto. Potrà sembrarti un'ambiguità e forse lo sarà pure.
Se io ho avuto una storia con te non credere che io sia stata una poco di buono. Non so come entrasti a far parte di me della mia vita, sta di fatto che senza volerlo un poco alla volta apristi un solco nella mia anima, io che credevo di essere moglie e madre appagata!
Invece prepotentemente arrivasti tu. Il tuo arrivo mi colse impreparata, il seguito non lo decisi io, ma il mio cuore, la parte segreta di noi che ci trascina verso il forte istinto dei sentimenti. Ti ho dato tutto di me senza riserve, ma tu di questo non ti sei mai accorto.
Eri troppo impegnato a rincorrere falsi idealismi e ricchezze da sbandierare sotto il naso altrui, io non ti ho mai chiesto nulla, ti ho amato e basta. Ti ho amato e

forse ti amerò ancora in silenzio e per sempre, ma sappi che non voglio più incontrarti, vederti, sentirti.
Sei stato tu uno sporco, mascalzone, traditore!
L'ipocrisia sarà la nebbia del tuo domani, ma sappi che arriverà un giorno in cui ti guarderai allo specchio, solo allora ti accorgerai che la tua vita è stata inutile. Sarà troppo tardi per fare il bilancio della tua vita, e ti accorgerai quanto sei stato falso anche con te stesso. Nonostante tutto ogni tanto ti penserò, forse la sera mi addormenterò con la speranza di sognarti, tu appartieni ad un sogno dal quale è difficile risvegliarsi.

Dolcezza mia

Oggi per l'ennesima
volta
mi sono chiesto
cosa sei veramente tu per me.
Dolcezza mia,
non riesco più
a vivere la mia vita,
una parte di me
sta sempre accanto a te.
A te che non ci sei
e mai come ora vorrei
che tu fossi solo mia,
la mia vita ora è fatta
di attesa
attendendo un nuovo

incontro,
io e te insieme.
Quando la sera vado a letto
ti vorrei con me …
poi un sussulto.
Dentro me si mescolano
rabbia e gelosia,
non sei con me a far l'amore,
forse in questo istante sei con lui.
Se così fosse vorrei
che il tuo pensiero sia rivolto a me,
scusami non vorrei
essere ridicolo,
ma dimmi, si è ridicoli
quando si soffre per amore?

Già l'amore,
cosa sarà mai
questo dolce
sentimento?
La risposta sei tu
amore mio.

Un angolo in fondo al cuore

Il tempo lentamente scorre ed io son qui a macerare il mio essere. Vorrei poter urlare al mondo la mia rabbia, le mie delusioni, le mie ansie forse domani svaniranno, ma la mia illusione intatta resterà. C'è un angolo un fondo al cuore in cui è inciso un solo nome, il tuo nome. Quando penso te, mi accorgo di sentire sensazioni mai provate, emozioni senza fine... Dio mio! Solo ora mi accorgo cosa significa desiderio. Nei silenzi del cuore echeggiano le tue risa, rimbomba il suono della tua voce, la tua gaia giovinezza mi ha stregato. Se un nomignolo dovrei darti, puffetto mio ti chiamerei. Sentire te, la mente mi si inebria, vedere te, non so cos'è, un groviglio di sensazioni susseguendosi mi travolgono, mi catapultano in un mondo irreale e dorato fatto di sogni e di speranze. In quei fuggenti attimi vorrei prendere per mano il mio adorato puffo e volare felici nell'universo sconfinato dell'amore, le mie giornate invece scorrono monotone senza te. Nella penombra di questa stanza desidererei averti accanto, amarti immensamente, accendere i nostri corpi al desiderio e sentire il profumo della tua pelle comprimersi sopra la mia, vibrare esausti e felici ad ogni contatto, invece... Se un giorno mi penserai la ci incontreremo, io ti starò pensando. Io vivo del pensiero di te.

L'amore mio per te

In questi tempi nebulosi dove regna la violenza è sbocciato un fiore, l'amore mio per te.
Quante volte ti ho ringraziato di esistere!
Tu che un giorno apparisti all'orizzonte della mia oramai apatica esistenza, sei ora, un giardino fiorito in mezzo ad un arido deserto. Quando nel mio cuore entrasti dolcemente, fui irradiata dal tuo sorriso, quel sorriso che in cambio non voleva e non pretendeva nulla.
Non so perché ti scrivo queste frasi, forse per regalarti una piccola gioia in più. Sì, perché il mio non è un amore di convenienza, mi basta sapere che ci sei, che sorridi, che parli, che respiri, ed io sono immensamente felice.
La mia anima, il più profondo del mio io, gioisce e non appassisce.
Quando non ci sei e vorrei averti accanto, mi basta pensarti per un istante per esserti ugualmente vicino, con il pensiero nulla è impossibile. A volte a mente fredda mi esamino, cerco di capire se il nostro rapporto è o non è cosa giusta, nei miei confronti sono un giudice severo, la sentenza è solo una, "Ti amo". Sì, ti amo tanto amore mio dolce. Si dice che al cuore non si comanda, e solo ora ho capito che è vero, certo, è un amore un po' ambiguo data la nostra situazione familiare che se scoperto sarebbe scandalo. La colpa non è nostra, ci stiamo ri-

prendendo una fetta di felicità che non abbiamo avuto nell'ambito delle nostre famiglie.
Non siamo ladri o peccatori, al mondo non ci potrà mai essere tribunale capace di condannarci, in fondo ci doniamo amore e calore, uniche essenze vitali per la vita.
Se domani questo sentimento non avrà futuro mi rimarrà un ricordo bellissimo che io custodirò gelosamente. Vivrò in ricordo di un amore che non è stato inutile credimi. Sarò ugualmente felice di aver provato sulla mia pelle, la gioia unica di un autentico vero e grande amore. Il nostro amore.

Poi stasera …

Con infinita nostalgia ricordo come ora, quel giorno che ci incontrammo nell'ampio atrio del tuo mondo.

Il nostro non fu un incontro, ma uno scontro, ti sfidai, ci riuscii. Impenitente, forse ti sentivi importante? Invece ti snobbai. All'improvviso ci fissammo, forse entrambi ci desiderammo. Altre volte ci siamo visti, e purtroppo riscontrati. Mi sono accorta di non esserti indifferente sai? Una strana luce nei tuoi occhi mi comunica che mi desideri. Molte volte ti ho pensato ed assai invano desiderato. All'improvviso poi stasera ti ho incontrato, avrei voluto salutarti, poterti parlare, ma nell'istante in cui ti ho visto il traffico ti ha disperso offuscando la mia tranquillità.

Come un incubo è ora l'immagine del tuo viso, sorriso spento, sguardo assente, unici segni evidenti di malsana indifferenza alla vita.

Io ti penso, ti desidero, vorrei poter essere tua, ma come faccio a dirtelo, a fartelo capire?
Il tuo bel viso appassito vorrei far rifiorire, ed essere io il tuo raggio di sole per la tua vita domani, e poterti dire finalmente senza timore: "Ti volevo bene già da tempo senza che tu lo sapessi".

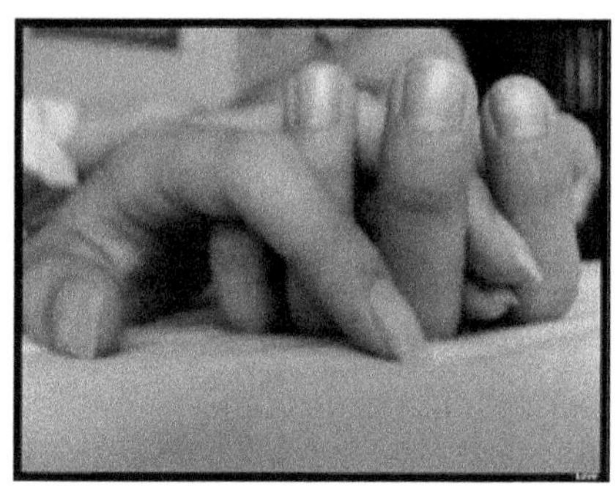

In un sol soffio

Un giorno lotterai, lotterai per vincere ciò che in partenza quel giorno perdesti. Le tue mani stanche vigore riavranno, il tuo cuore l'epicentro sarà di nuovi sentimenti nel frattempo insabbiati. Fantoccio potrai essere agli occhi altrui, ciarlatano per chi nulla di te sa e conosce. Un colpo basso infierirai su chi, solo lurido verme strisciante ai piedi altrui in te vedeva. La tua anima incolore calpestata da orme infangate, in un sol soffio risplenderà, se ancora potrai vantarti di possederla. Un vagone arrugginito dal tempo ed un motore scassato da avarie, al tuo io senz'altro paragonerai. Quella forza mai a mancarti ti verrà, quella forza di vincere su ciò che un giorno ti prefiggesti. Se possibile non sarà, con foga e dolore sopito prima dell'ultimo respiro, urlerai al mondo. Al mondo intero urlerai la tua rabbia.

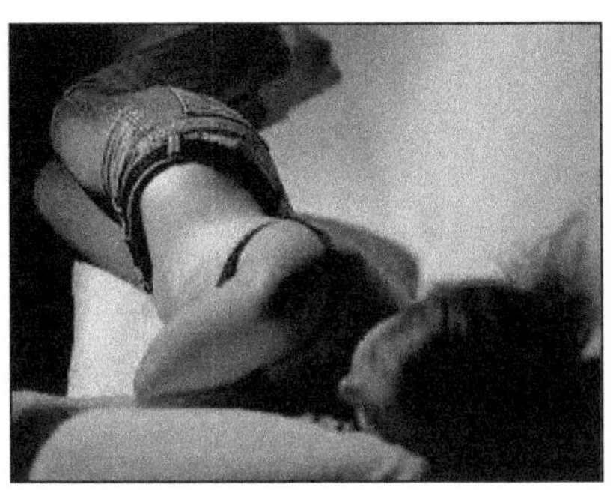

Travolgente malinconia

Oggi la malinconia mi assale, mi travolge, mi calpesta. Con la testa tra le mani fisso un angolo di casa, guardo ma non vedo, cerco di ascoltare ma non ascolto.
Di scatto mi alzo per uscire ma mi risiedo, non so che fare. Ad un tratto nei miei pensieri vedo emergere un'immagine sublime, è la tua immagine. Sorrido e mi sento meno solo, quanto sei cara! Già mi sento meglio.
Purtroppo tu sei lontana ed io sono qui a rivivere qualche momento trascorso insieme. Sarai mica tu la colpevole innocente della mia malinconia?

Ricordo

Mamma, da quel terribile giorno è passato ormai un anno. Ricordo ancora quando mi chiamavi, il suono della tua voce era debole, stavo in pensiero per te. Quando il tuo flebile richiamo mi giungeva all'orecchio, salivo i gradini delle scale ansiosa e mi dicevi: "Bambina mia, vieni qui accanto a me, ho paura di star sola, forse è l'ultima volta che ti parlo".
Mamma, tu non potevi sapere quale triste destino ti era riservato, solo un sospetto ti annebbiava lo sguardo, quel tuo dolce ed indimenticabile sguardo. Ricordo la mia prima infanzia, quando la mattina mi allacciavi il fiocco del colletto, mi davi un bacio e via … a scuola. Al ritorno ti facevo vedere i miei disegnini, eri felice lo so, allora anche io ero felice di dividere quel bene, quell'affetto dimostrato con un sorriso, tutto ciò che mi davi mi bastava, era tanto per me, ma ora non ho niente.

Ricordo l'ultima volta che mi parlasti: "Bambina mia, avrei voluto rimanerti accanto, esserti di guida, insegnarti a vivere ma non posso, vorrei dirti tante cose ma non ce la faccio, non ce la faccio neanche a respirare, stammi vicina ti prego".

Mamma, ti ho voluto bene, ti voglio bene e ti vorrò sempre bene. Prima che ti ammalassi ti volevo bene, ma non so fino a che punto. Eri qualcosa che mi dava da vivere, ma questo io non l'avevo capito, o forse non volevo capirlo chissà! Mamma, quanto mi manchi! Sono sola, sola in mezzo a questo mondo sconosciuto, perché Lui, sì Lui, perché Lui è stato così con me? Non pensavo di meritare questo dolore. Ora sono sola e spesso le mie guance si riempiono di lacrime, se almeno qualcuno mi facesse un sorriso, mi tenesse per mano … sarei un po' meno sola. Ora che tu non ci sei più, nessuno potrà mai colmare questo vuoto. Una mamma non si sostituisce.

Daniela

Settembre 1977

Dall'alba al tramonto

Per una volta mi sento di scriverti le mie sensazioni che provo nei tuoi confronti. Sono anni che sei entrata a far parte della mia vita, non ricordo precisamente cosa fece scaturire in me interesse nei tuoi confronti, forse all'inizio fu solo un gioco e che gioco! La tua forte personalità mi ha stregato, con ansia e trepidazione aspetto ogni nostro incontro. Che dire della nostra intimità? Non avrei mai creduto che il nostro fare sesso e stare insieme, ci potesse dare delle così forti emozioni, ora che ti ho avuto mi rendo conto che non potrei più fare a meno di te. E' fantastico fare sesso quando c'è anche immenso amore. Dalla vita ho avuto un dono prezioso, te gioia mia. I giorni che seguiranno voglio condividerli con te dall'alba al tramonto, dal tramonto all'alba, voglio sposarti, sì, questa è una richiesta di matrimonio. Voglio che la mia donna diventi mia moglie, sei meravigliosa, in fondo al mio cuore c'è posto solo per te. Ti amo da impazzire, ti desidero in ogni istante e voglio continuare a fare scintille quando ci ritroviamo nella nostra intimità. Sei l'unica donna che mi ha fatto provare sentimenti di amore e di desiderio indescrivibili. Perché ora non sei qui? Avremmo continuato a voce e a fatti, quando mi manchi in questo momento!

Scusami se

Mi sono svegliato da poco, pensandoti mi ha assalito una struggente malinconia. Ti voglio molto bene, tanto, assai. Ti ringrazio per ciò che mi stai dando, scusami se qualche volta sono opprimente, ma sai?
Non è nelle mie reali intenzioni.
Giorno dopo giorno mi rendo conto che per me stai diventando sempre più importante, oltretutto abbiamo anche un ottimo rapporto di amicizia e molti punti di incontro in comune. A volte mi rammarico per non averti conosciuto prima, e mi chiedo come ho fatto senza te fino a questo momento.
Sai? Sono stata contenta che tu mi abbia parlato di quel tentato approccio con quella là. Il fatto stesso di avermene parlato significa che non può fregatene di meno, se avesse contato qualcosa, me lo avresti di sicuro taciu-

to. Sono stata gelosa? In un primo momento sì, per poi superarlo subito dopo.
A proposito, dì a quella là nel caso in cui tu la dovessi rivedere, di starsene al posto suo e di non infastidire gli uomini, potrebbe di certo darti il suo corpo ma non certo il suo amore. A quanto pare potrebbe essere come dici tu, una poco di buono.
Ti abbraccio fortissimamente ricoprendoti di baci, pizzichi, carezze e un solletichino sotto ai piedi.

Baci.

Da lontano ti scrivo

Siamo stati protagonisti di una fiaba, la nostra fiaba. Mi aveva folgorato la tua personalità, pensavo che fosse difficile incontrare una persona che ci rispetti per quello che siamo, per come siamo. Sono felice eppure piango, sono stata prigioniera di un'ansia continua. La nostra storia deve necessariamente finire, è stata costruita su di una nuvola rosa e tale deve restare. Non credere che la mia sia vigliaccheria, o forse un po' lo è ... Ricordiamoci a vicenda come se il nostro fosse stato un dono divino, il nostro vissuto rimarrà scritto nelle nostre memorie che noi esporremo nella vetrina del nostro cuore. Da lontano ti scrivo che non potrò mai dimenticarti, sarai sempre nei miei pensieri. Ti amo, ti amo, ti amoooooo!

Messaggio d'amore

E' notte, la città è avvolta nel silenzio e di mistero, mi affaccio ad una finestra. Con le mani poste sul davanzale, fisso il cielo buio, non penso a nulla, la mia mente pare sia svuotata. All'improvviso alzo lo sguardo, fisso il cielo, noto che una notte stellata fa da tetto a questa città. Mi ritrovo a fissare una stella, pare che rifletta molti colori ... a quella stella mi viene di dargli un pensiero d'amore, un messaggio d'amore per te.
"Sii tu portatrice di parole d'amore per lui, un mio messaggio ti darò. Vai, vola, se stanotte qualcun altro ti fisserà, senz'altro lui sarà. Digli che l'amo, l'adoro, lo stimo, lo penso lo sogno, e solo per lui vivere potrò".

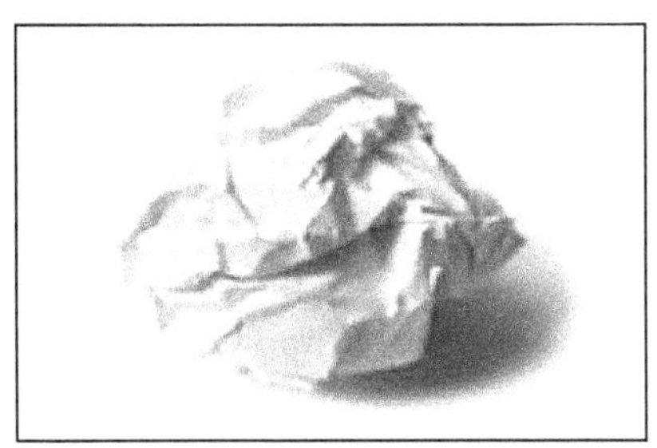

Sentimento

Mi sveglio assonnata, cerco di riprendere sonno senza riuscirvi, pare che il sonno sia svanito. Cerco di ingannare quest'insonnia momentanea scrivendo dei versi per te. Prendo il mio quaderno ma ispirazione non trovo, un anonimo foglio aspetta di essere scritto, prendo la biro, scrivo, cancello, rileggo, strappo il foglio e ricomincio. Poi ecco ... Il tuo corpo profumi inebrianti emana per me, ne potrò vivere ubriaca e nello stesso tempo stordita. Tra le tue braccia protezione e affetto cercherò, non ci saranno e non potranno esserci giorni bui poiché noi ci amiamo. Ti guarderò sempre con animo sorridente, nei miei occhi potrai leggere ciò che a voce o per iscritto non riuscirò mai ad esprimerti. Certo che, non è semplice spiegare un sentimento d'amore, il mio, il tuo, il nostro amore, il nostro sentimento.

E' tardi

Forse tardi ho capito che il mio amore aveva ed ha anche un'anima. Non è un oggetto come per molto l'ho considerato e trattato. Ora capisco che l'amore non si compra e non si vende, non lo si ottiene con costrizioni o prepotenze, e non sempre necessariamente ha bisogno di carte scritte. Con dolore capisco che non è merce di scambio. Non mi devi amare perché io ti amo, avrei dovuto amarti per quello che sei, per quello che eri.
Ora tra le mani non mi resta che polvere, senza rendermene conto ti ho calpestato, ora è tardi. Avevo sempre pensato e sostenuto che unendoci quel giorno del nostro matrimonio, di mettere delle catene alla nostra unione.
Ora si stanno spezzando, si sono spezzate. Per scontato eri mio, forse era come se ti avessi comprato!

Da oggi in poi non dire mai che il tuo amore, uomo o donna che sia, sia tuo o tua, ricorda che ha anche un'anima, e l'anima non la si può comperare. Non fare come me, non compiere i miei stessi errori, il mio amore non c'è più, è andato via, via da casa stanco di me e delle mie prepotenze. Ricorda, nella vita non devi dare niente per scontato, sono stata capace di uccidere in lui anche l'amore che ci aveva uniti in passato e per tanti anni.

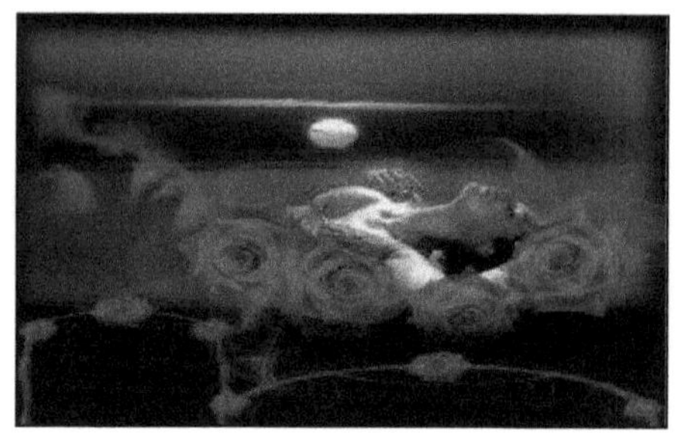

Un'ora d'amore ...

E' come se fosse stata la prima volta in vita mia che ho fatto l'amore, è stato grandioso, meraviglioso, senza precedenti, non pensavo che si potessero provare tali emozioni. E' stato come una partita a due senza passività. Come per incanto sei riuscito a far cadere le mie difese immunitarie, non sesso come schifo o sporco come spesso si intende ma fusione di corpo, mente, spirito. La mia cultura mi aveva insegnato che certe cose non si fanno, sono sporche, o se si fanno, si fanno senza lasciarsi andare. Fino ad ora era stato così. Se fossi un poeta, un pittore, o un artista qualunque, non riuscirei mai in nessun modo a scrivere, descrivere, o dipingere, le emozioni che con spontanea naturalezza hai saputo darmi e farti dare. Non ricordo, o forse non ci sono mai stati in vita mia, giorni quieti come questi, con tanta calma e tanta serenità interiore. E' bastata un'ora, un'ora d'amore e con te sono cresciuta. Mi sono chiesta se quello che io provo per te possa essere amore o definirsi tale, ma non ho trovato risposta. Certo è, che si tratta di una grande passione. L'amore come classifica dei sentimenti si trova a molti gradini più su. Non so cosa mi ha colpito di te, forse la tua calma o l'intelligenza, o forse il tuo sguardo. In esso credo di aver colto qualcosa che ci accomuna, sì, un'infinita sofferenza, un vuoto affettivo con una vita non facile. Forse mi sbaglio non so, ma questo è quello che penso. Un giorno non sospetto guardandoti ho sentito come se dentro me fosse crollato un muro, un muro d'apatia eretto verso l'altro sesso. Ho pensato che forse eri tu quella persona che avevo tanto atteso. In quell'attimo ho visto la persona ideale che sarebbe stata capace di riempire degli spazi per certi versi fin troppo vuoti. Fu solo un presentimento che di corsa ricacciai. Non so se ci potrà essere un seguito a tutto ciò e non voglio chiedermelo, ma una cosa so con certezza, fino ad ora ho avuto fra le mani solo un surrogato d'amore e sentimenti. Se vuoi, se te la senti, prova ad aprirti, parlami di te e dei tuoi sogni, delle tue ambizioni, delle tue paure, delle tue sconfitte, delle tue vittorie. Ci vuole poco in fondo a sorridere, ma tu ... sorridi ancora?

La finestra del cuore

Non so se mai saprai che spesso sei nei miei pensieri, senza volerlo e senza colpe hai riaperto la finestra del mio cuore. Per molto, troppo tempo era rimasta chiusa. Ti penso spesso, soprattutto al mio risveglio chiedendomi e sperando se di me avrai pensato o sognato. Pensandoti intensamente ora mi accorgo che forse non sei di una bellezza eccentrica, ma cosa importa? Quante cose vorrei chiederti, quante domande vorrei porti! Poi dico no, a cosa serve scavare nel tuo passato? Ieri non esiste nei miei concetti. Vorrei prendere per mano la tua mano, stringerla forte, portarla sul mio viso, far accarezzare i miei capelli per poi guidarla sul mio cuore. La tua mano, solo la tua mano potrà spalancare quella finestra per troppo rimasta chiusa, potrà così assorbire e spazzare via spazzatura.

La tua bellezza dicevo non è eccentrica, ma in te ho scoperto l'altra, quella non evidente a tutti, e meno male! Io l'ho scoperta e captata al volo, sì, la tua bellezza interiore.
Mi pare di sapere tutto di te o quasi, ma una cosa l'ho capita ed intuito come un indovino. Anche tu hai la finestra chiusa nel tuo cuore, e ora vuoi spazzare tutto e ricominciare. Speriamo che sii concorde e nella scelta scegliessi me per tale compito. Insieme spalancheremo le finestre, chissà quanta polvere ci sarà dietro le imposte! Sì, ci ritroveremo insieme mano nella mano, c'è bisogno di ossigeno per non soffocare. Io e te domani insieme. Ci augureremo che ogni giorno ci siano poi, albe nascenti per un amore senza fine.

Agli occhi suoi

Mi pareva giusto riprendermi il mio uomo, per un attimo mi sono illusa di riuscirvi, poi all'improvviso tutto si è dissolto. Le mie occulte falsità sono apparse evidenti anche a me, sì, sono stata falsa, non era lui che mi premeva e preme, agli occhi suoi nel mio egoismo devo esistere solo io, solo me deve amare e desiderare questa lotta disperata ed inafferrabile mi stordisce e ammattisce, non demorderò, devo farmi amare a tutti i costi. Non posso rinunciare al mondo nuovo che mi ha offerto e offrirà, voglio continuare ad essere io la donna che domani avrà ancora accanto. Non è vero che lo amo come ieri credevo di amarlo, l'altra non la sospettavo e immaginavo. Il suo arrivo mi ha distrutto e costretta a guardarmi dentro, tremo per il mio domani. Forse si amano veramente ed il mio contratto di matrimonio ora oscilla nell'incertezza del domani, forse merito questo dolore incontenibile. Questa punizione speriamo che non sia vana, serviva l'arrivo dell'altra per capire che il mio uomo non mi appartiene e non è mio, come impedire loro di andare via? Sono incerta, forse non riuscirò. E' stata la mia esasperante possessività ad annebbiarmi, domani forse sicuramente sarò sola, ho paura che nella mia fragilità non sarò nessuno e voglio essere per forza accanto a lui, costi quel che costi. Questa certezza però si affievolisce, l'amore ancora una volta ha trionfato, forse è giusto che andrà con lei, l'amore è una conquista ed io invece l'ho tormentato con costrizioni. Si amano veramente, senza convenienza alcuna. Son perdente ma che rabbia, nel mio egoismo rivoglio il mio uomo, per giunta, è sempre mio marito, solo me deve amare e desiderare, ma io lo amo? (No, ma non importa).

Rose bianche

Come è difficile scrivere ciò che vorrei, una volta ti ho scritto una lettera, un'altra volta ti ho dedicato una poesia, ora nelle mie intenzioni vorrei dedicarti una canzone ... Ho visto una telecamera inquadrare un fascio di rose bianche, in quell'attimo ho avuto un pensiero per te. Il loro candore mi hanno riportato l'immagine sbiadita che ho di te, di noi, del nostro breve vissuto. In quello stesso istante lo avrei voluto prendere e lanciarlo nel vuoto infinito di un eterno passato, avendo la certezza che sarebbe poi giunto tra le tue mani. Ma tu sei una rosa, una rosa tra le rose. Sei bianca, rosa, gialla, rossa, arancione, sei una rosa di mille colori. Vorrei poterti sognare ancora e rivivere l'abbraccio di quel sogno lontano che ancora mi scalda il cuore, ne conservo intatto il calore. Spesso ti parlo, sono certa che mi ascolti, quanto tempo è passato! Certi legami non si spezzeranno mai. Vorrei poterti fare mille regali, coprirti di doni, comprarti il mondo intero, la luna, le stelle, il cielo, il mare, il sole, tu per me sei stata più di questo. Sei più grande della luna, delle stelle, del cielo, del mare, del sole, dell'universo stesso. Vorrei ora da te una carezza, un abbraccio, un contatto fisico. Per te mamma, e tutte le mamme che sono vicino a te, da qua giù noi figli lanciamo milioni di rose. Baci e rose bianche a voi che siete state per noi, la rosa più bella nel giardino della nostra vita.

21 marzo 2000

ART.51

Tu un grande attore, lei vittima consapevole, le altre giocattoli fino a che non creano problemi. Potresti vincere l'oscar della recitazione, perché non provi a far l'attore di professione? Lei sa tutto, ma le va bene così, per amore si accetta pure questo, ma quale amore? Non c'è di peggio di un cieco che non vuol vedere e di un sordo che non vuol sentire. Le altre? Quelle di ieri non sapevano cosa l'aspettava oltre a quell'ora d'amore rubata al tempo che va. Quella di oggi le pare di volare, "Io lo farò innamorare" poverina, non sa che sta facendo da contorno ad un grande fascio e che pene dovrà patire. Quelle di domani? Considerando le tue cadenze potrebbero essere venti o trenta, che sterminio! Sei proprio in gamba, idealmente te lo assegno io l'oscar della recitazione, ma per te ne istituisco ancora un altro.

"Mister core ingrato". Ci vuole pure a gestire il tutto, e non è da tutti saperlo fare così bene, mister core ingrato, fino adesso ti è andata bene. Pensa tu se un giorno il fisco dovesse tassare le scappatelle o tradimenti! Applicando l'articolo 51 della Costituzione Italiana, tra passato, presente e futuro, considerando poi arretrati, interessi, ed oneri di gestione, dovresti versare all'erario miliardi. Chi sono le vittime? Tu, lei, quelle di ieri, quella di oggi, o quelle di domani? Se io fossi un giudice, questa sarebbe la mia sentenza. "Visti ed esaminati i capi d'accusa dichiaro l'imputato colpevole ma viene assolto. Che condanna infliggere? Schiacciando tutto e tutti rimedia come può ai suoi disordini morali, consapevole di aver contratto matrimonio con persona non idonea a lui, tenuto conto della sua fragilità emotiva, non riesce a dire basta, lui è già condannato. In un mondo libero solo lui è prigioniero dei pregiudizi esterni, di sé, e del mondo stesso. Così è deciso, l'udienza è tolta".

Noi

Viola

E' sempre la stessa cosa, un'attesa che ti fa gioire per un risultato che a volte ti fa scoppiare il cuore di gioia o d'amarezza. Con il fischio d'inizio un'energia ci sovrasta, soffriamo con voi quando le cose non vanno per il verso giusto. Nel nostro cuore c'è un colore tinto di lillà, nel bel mezzo troneggia un giglio simbolo di purezza. Il nostro amore siete voi, voi che ci fate penare, voi che siete per noi un vero orgoglio. Tra un pallonetto, un calcio d'angolo, una punizione ed un rigore, Trapattoni, Batigol, Rui Costa e formazione, avete fatto gol nel nostro cuore. Viva Firenze e la Fiorentina. (D.S.)

Lei

Dico a te, di cosa hai paura? Forse ti è difficile ammetterlo perché forse nel tuo inconscio non vuoi ammetterlo neanche a te stesso. La tua insofferenza di oggi ha un nome, il suo.

Troppe volte ti ritrovi a pensarla con leggera malinconia, un velo di tristezza copre il tuo volto, cacci la sua immagine con rabbia, la rifuggi, ma lei, la sua immagine è sempre lì. Cerchi di non pensare, di non pensarla, ci riesci pure, ma poi all'improvviso riemerge ancora, ancora la sua immagine.

Ora sorridi, sorridi rispondendo con un sorriso al suo sorriso. Non credi all'amore, ovvero ci credevi ma poi tutto uno scatafascio, in cuor tuo credevi di aver chiuso con i sentimenti, fino a ieri, oggi c'è lei ed ora sei afflitto e non sai cosa fare.

Ora lei è ancora lì davanti al tuo malinconico sguardo, è grande, immensa, grandiosa, ma purtroppo è sempre e solo la sua immagine. A forza di apparizioni forse ti stai convincendo, non si pensa ed immagina una persona se realmente non ti interessa. Se la vedi in carne ed ossa, sii te stesso, forse lei, anche lei non aspetta altro.

Va' dove ti porta il cuore senza voltarti, il tuo volto si fa serio, non ci sono dubbi, proprio quando non te lo aspettavi più è arrivata.
Ora c'è, esiste, non permetterti di lasciarla andare.
Lei, quella che nel tuo ideale di donna hai cercato invano per una vita, esiste davvero. Adesso è lì con te, con gli occhi chiusi idealmente le mandi un bacio arrossendo di vergogna, la sua immagine, il tuo tormento.
Nella vita un po' di audacia non guasta, a volte è necessaria, dai muoviti basta esitare.
Componi il suo numero, quando risponde se risponde sii leale. Potrebbe essere l'inizio di una grande passione e storia d'amore!

Lettera ad un amore infinito.....

Penso te, mentre ti penso brividi mi travolgono, amore dove sei, con chi sei? Non ce la faccio più a sopportare questa disumana lontananza, questo foglio mi sta facendo da tramite. Mentre scrivo quasi parlo ad alta voce, non è alla carta che imprimo me stessa, sto parlando a te. Lacrime scendono sul mio viso bagnando questo foglio, avevo promesso a me stessa che avrei cercato di dimenticarti, passano i giorni, passano gli anni, ma tu nonostante tutto hai sempre fatto parte della mia vita nel bene e nel male. Mi dicevi spesso che se un giorno fra noi fosse tutto finito ti avrei lasciato un vuoto incolmabile e che saresti stato felice se sarei stata la tua donna per sempre! La vita è una giungla, essa ha deciso per noi. Vorrei almeno che tu fossi sereno, ma so che non lo sei. Qualche volta ti incontro, incrociando il tuo sguardo la mia anima sussulta, i tuoi occhi sono sempre stati lo specchio di te, in essi ci sono i segni della tua sofferenza interiore. Non vorrei far parte della tua sofferenza, ma so di farne parte. Cosa è stato di noi? Dicevi che se avresti avuto dieci, cento, mille storie, mai nessuna donna sarebbe stata come me, siamo stati l'uno per l'altro il fulcro della nostra esistenza. La mia esistenza ora si sta sgretolando, schiaccianti malinconie mi riportano a te, sempre e solo a te. Vorrei ora ascoltare la tua voce, quanto mi è cara! Qualcosa dentro me dice, che quello che io provo, lo stai provando anche tu, ricordi quando ci davamo appuntamento con il pensiero? Le nostre anime si sono sempre parlate anche a distanza, oggi come allora. Che fai? Non temere, non aver paura, fatti coraggio, riuniamo questo filo, anche io come te non aspetto altro che il momento in cui ci rivedremo. Non serviranno le parole, guardandoci la luce dei nostri occhi parlerà per noi. Quanto ti desidero!!!

Per mano

Un'attesa, un evento,
due cuori, stesso destino.
Tu padre, tu madre,
non piangere.
Ci hanno impartito
una lezione di vita.
Aggrappati al filo della speranza
hanno rincorso un dono di Dio,
la vita che voi con amore
avete tentato di dargli.
Loro vi guardano,
forse si tengono per mano
e si sorridono.
Impariamo da loro,
la vita è preziosa anche se con ostacoli.
Loro, Maurizio e Gabriele,
senza parlare ce lo hanno trasmesso.
Ora volano felici tenendosi per mano
nei cieli del paradiso,
l'uno dirà all'altro soddisfatto:
"Missione compiuta".
E volando volando coprono di baci
i volti di mamma e papà.

SCRIVERE? SECONDO QUALCUNO TUTTO TEMPO PERSO ...

Ho rovistato nelle mie scatole che io chiamavo dei ricordi. Centinaia e centinaia di scritti, tra quaderni, brutte copie, bozze, articoli con interviste, ringraziamenti, indirizzi, dimostrazioni di affetto ricevute, biglietti del treno, foto, e tanto altro ancora. In quei due scatoloni, ho riposto rimasto intatto nel tempo, me stessa, le mie passioni, i miei amori, i miei amici che hanno reso possibile tutto ciò. Ho gettato tutto, lasciando solo, ancora intatti, i miei quaderni delle brutte copie, credo che di quelli mai mi disfarò. Ogni pezzo di carta che sfogliavo e leggevo, il ricordo di ogni singola emozione che in quel momento aveva rappresentato, venticinque anni, là dentro tutto dal 1988 ad oggi. Mia figlia al mio compleanno di quest'anno, mi ha regalato lo scanner con la stampante, ora farò un unico album con tutte le mie foto e gli articoli che a partire dal 1991 al 2000 mi fece la stampa locale e nazionale. Insomma, tutto in ordine cronologico. Mentre con una mano mettevo da parte e con l'altra gettavo, mi è venuto di pensare oggi come è tutto semplificato con il web e nella fatti specie con facebook. Quando iniziai io a scrivere, tutta questa tecnologia non c'era, ricordo che mi comprerei una vecchia e usatissima macchina da scrivere Olivetti 98. Ecco, stasera ho gettato pure quei vecchi fogli ingialliti dal tempo e corretti prima di essere rifotocopiati con l'imbianchetto. Certo che ... questo oggi non esiste più, per i giovanissimi, queste cose forse faranno ridere. Certo, in un attimo oggi scrivi e subito sei editore di te stesso ... Voglio concludere dicendo che mentre sto scrivendo, viene già una lacrima di commozione, portare avanti a qualunque costo un ideale, un qualcosa in cui credere, un qualcosa che a chi ti era intorno forse non comprendeva. Già, quante ne ho subìte, per loro e secondo loro, tutto tempo perso! Nei miei quaderni c'è di tutto, nomi, date, indirizzi, località, bozze e anche tanti disegnini di mia figlia ho ritrovato, tutto intatto nel tempo.

Daniela Straccamore
Settembre 2012

Finito di stampare
Nel mese di Gennaio 2014

Lulu Press
3101 Hillsborough St.
Raleigh, NC 27607 | U.S.A.

www.ingramcontent.com/pod-product-compliance
Ingram Content Group UK Ltd.
Pitfield, Milton Keynes, MK11 3LW, UK
UKHW020126250726
13967UKWH00002B/503

9 781291 731859